Verlaine

Dessinateur

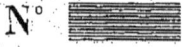

FÉLIX RÉGAMEY

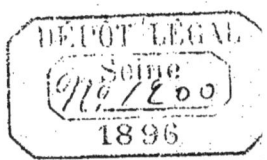

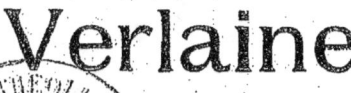

Verlaine

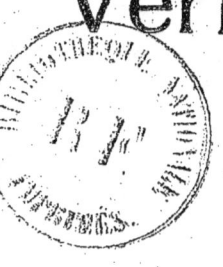

Dessinateur

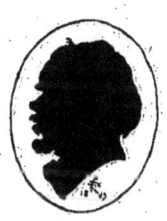

PARIS

H. FLOURY, LIBRAIRE-ÉDITEUR

1, BOULEVARD DES CAPUCINES, 1

1896

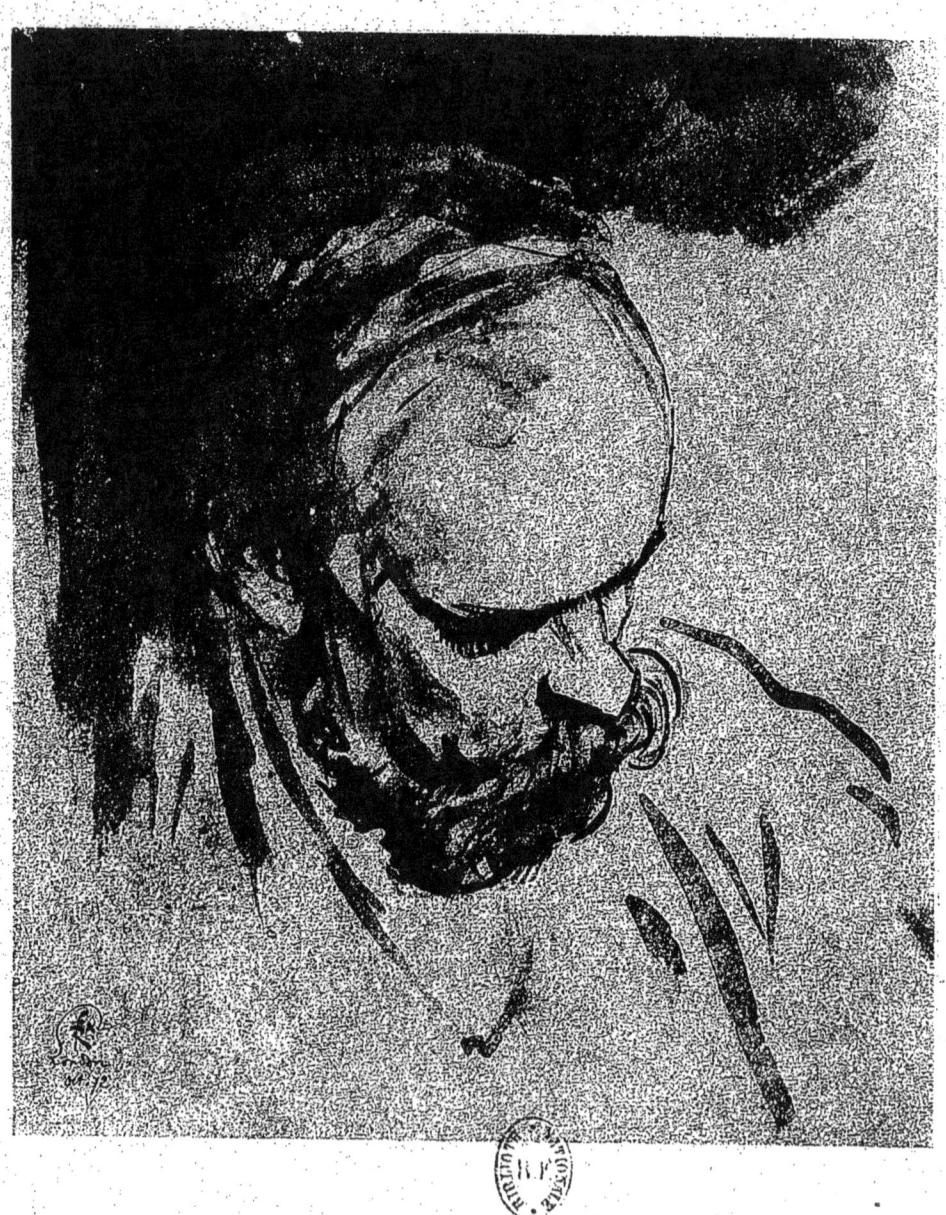

Verlaine Dessinateur

Il y eut en Verlaine, au début de sa carrière, un grand dessinateur, généralement ignoré, s'ignorant lui-même.

Quiconque sait lire dans les images est frappé de la puissance d'expression exceptionnelle qui s'affirmait alors dans ses moindres croquis.

Les quelques planches qui figurent dans ce recueil suffiront à le prouver.

De science, aucune ; nulles fioritures ; rien d'inutile. Chaque coup porte, comme chez les maîtres japonais, où tout est accent, jusque dans le plus petit trait, et concourt à l'effet d'ensemble.

Chez Verlaine, l'artiste ne doit rien à l'étude. Son dessin candide n'est autre chose que l'émanation directe de la pensée, servie par une vision intense et le plus souvent sarcastique du monde des formes. Et la main, qui n'a subi aucun exercice de dressage, domptée par le cerveau, se fait docile, et s'élève bien au-dessus des sempiternelles et fades redites calligraphiques des professionnels du chic.

De même que jadis certains personnages eurent le don des langues, de nos jours le don du dessin a été départi à de purs intellectuels, touchés par la grâce. Et ce don, chez ceux qui font métier d'écrire, ne va pas — sur ce point on ne saurait trop insister — sans une haute valeur littéraire, ou tout au moins sans une grande originalité.

Ces privilégiés sont donc rares.

On a vu ce phénomène se produire chez Victor Hugo. Qui ne connaît ses tableaux de rêve, formidables, fantastiques; ses décorations sur toile et sur bois, aux vives colorations?

On l'a vu de même chez Ernest d'Hervilly, qui s'est intitulé un jour « élève de l'école de Beaux Ar...bres de Fontainebleau ». Ses fantasques reconstitutions préhistoriques à l'aquarelle, ses impressions de nature, les amateurs avisés se les arrachent.

Camille Pelletan, poète, artiste jusqu'au bout des ongles, que la politique nous a ravi, est aussi l'auteur de compositions étonnantes de couleur et d'esprit, — plutôt radicales qu'opportunistes. Cependant ses silhouettes de Clémenceau, innombrables, en trois coups d'allumette trempée dans l'encre, sont restées légendaires parmi ses amis.

Et n'est-ce pas un tableau exquis, pétillant de malice, que cette *Déclaration d'amour de Georges Ohnet à la littérature française*, signée Gyp?

Le catalogue du Salon des écrivains artistes, *Poil et plume*, organisé il y a cinq ans, à la Bodinière, par Émile Bergerat et Maurice Montégut, pourrait encore nous fournir quelques noms; il est cependant permis de douter qu'il en soit beaucoup de comparables à ceux qui viennent d'être cités.

*
* *

C'est au Dîner parnassien des Vilains Bonshommes, vers la fin de l'empire, que je fis connaissance de Paul Verlaine.

Ce dîner prit naissance au café du théâtre de Bobino. En ces temps lointains, Bobino, modeste boui-boui, qu'une maison de six étages remplace aujourd'hui, au coin de la rue Madame et de la rue de Fleurus, avait pour fournisseur attitré Saint-Aignan Choler, auteur infatigable de revues — telle que *Gare l'eau!* — qui faisaient la joie du quartier.

Les premières réunions eurent lieu à l'hôtel Camoëns,

rue Cassette, et en ce passage Saint-Benoît, proche Saint-Germain-des-Prés, encore tout plein du souvenir des romantiques de 1830.

Le dîner émigra ensuite de l'autre côté de l'eau, au restaurant des Mille-Colonnes, rue Montpensier, puis revint à son point de départ, changeant souvent de gîte, aux confins du quartier latin et du faubourg Saint-Germain. Il n'avait pas de dénomination au début ; il faillit s'appeler le « Dîner des Cygnes », grâce à l'inspiration d'une de nos amies, la belle Léda, que, plus que toute autre nous aimions à retrouver parmi nous.

Alors surgit son titre définitif : « Dîner des Vilains Bonshommes. »

Tout passe. Vers 1874, de nouveaux venus en firent le « Dîner des Sansonnets », vague jeu de mots qui ne réussit pas à prolonger de beaucoup son existence.

Dans ses beaux jours, il avait compté parmi ses convives ordinaires ou accidentels des poètes et des artistes tels que : Théodore de Banville, François Coppée, José Maria de Hérédia, Léon Dierx, Ernest d'Hervilly, Armand Silvestre, Albert Mérat, Léon Valade, Camille Pelletan, André Lemoyne, Jules Soury, André Theuriet, Émile Blémont, Duvauchel, Armand d'Artois, Antony Valabrègue, Charles de Sivry, Cabaner, Arthur Rimbaud, Georges Lafenestre, Gustave Pradelle, Philippe Burty, les deux Cambon, les trois Cros : Antoine, Charles et Henri, Fantin-Latour, Étienne Carjat, André Gill, Saint-Saëns, Solon, Alphonse Hirsch, Gabriel Marc, Jean Aicard, Bracque-

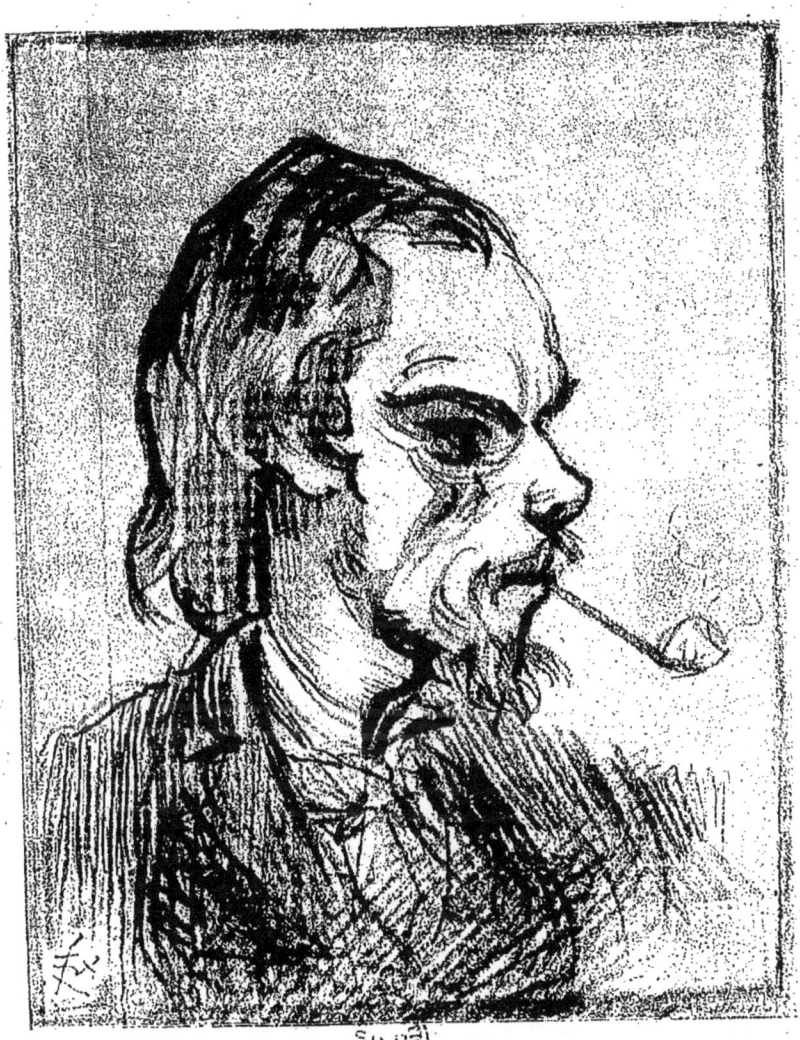

A VINGT-CINQ ANS

(Dîner des Vilains Bonshommes.)

mond, Anatole France, Pierre Elzéar, Richepin, Bouchor et Ponchon...

Ah! les bonnes soirées d'autrefois!

Mais pourquoi ce nom « Vilains Bonshommes » ?

Voici : C'est le soir de la première représentation du *Passant* à l'Odéon (14 janvier 1869). Tous les amis de Coppée sont là, qui applaudissent à outrance... et un feuilletoniste du temps, — les uns disent : Sarcey, les autres : Cochinat, — les désigne ainsi le lendemain : « *Ah! c'était une jolie réunion de vilains bonshommes!* »

J'avais à faire un dessin pour l'invitation au dîner qui suivit de près cette première mémorable, et comme on était en quête d'un titre, — détail dont les convives s'étaient peu souciés jusqu'alors, — il me sembla que l'apostrophe du critique était bonne à prendre; et, gaiement, mon titre fut accepté, mais non pas l'image qui l'accompagnait — dont on trouvera la reproduction à la page suivante.

Quand je revois ce dessin aujourd'hui, j'y trouve plus d'une chose à reprendre — ne serait-ce que le fond trop barbouillé, où l'écriture n'a de place nulle part.

Cependant s'il fut écarté, ce n'est pas parce qu'il était mauvais, non plus par excès de pudibonderie, ni affectation de gravité. Le lien étroit d'art et d'amitié qui nous unissait, fait d'estime réciproque et de sereine beauté, devait nous mettre en garde contre toute manifestation — si

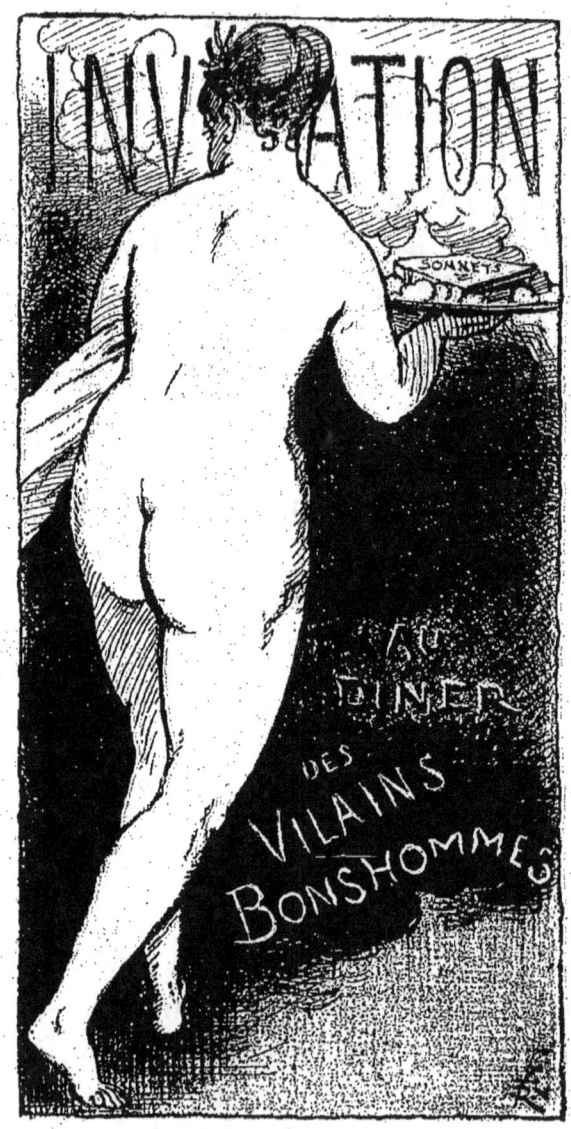

légère fût-elle —
pouvant prêter à
l'équivoque.

De là cette se-
conde version
bien anodine où
le buste remplace
l'académie.

Ainsi ampu-
tée, la muse plan-
tureuse du son-
net aux pommes
ne pouvait plus
porter ombrage à
personne.

Scrupules su-
rannés ! Signe
des temps révo-
lus !

Pourtant, la
plus grande li-
berté d'allures et
d'expression ré-
gnait à l'occasion
dans ce milieu
impressionnable,
passionné, effervescent, plein de sève et de jeunesse, dont
Verlaine était un des plus brillants représentants. Les

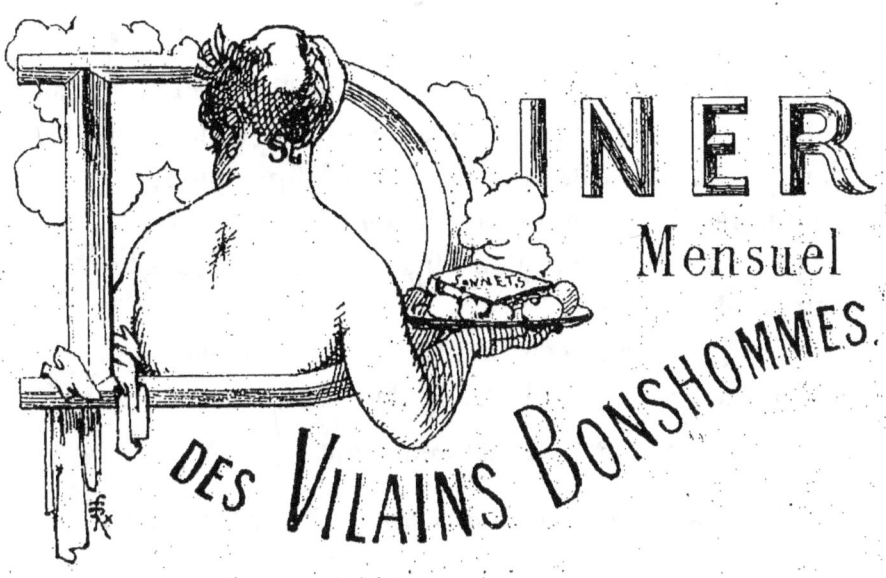

DÎNER
Mensuel
DES VILAINS BONSHOMMES.

INVITATION pour le vendredi 29 juillet 1870
(à 6h 1/2)
aux Mille-Colonnes.

Dîner de clôture.
Reprise en Octobre.

Prière à Mr Félix Régamey
de vouloir bien ~~sur faire parvenir son adhésion~~
~~avant le~~ n'y pas manquer.

Le Secrétaire,
Léon Valade

Poëmes saturniens, les *Fêtes galantes*, la *Bonne Chanson*
datent de cette époque; déjà on saluait en lui le maître
auquel on vient de faire de si belles funérailles.

En lisant ses œuvres au dessert, il prenait le ton per-
vers et mystificateur d'un singe bon enfant qui garde un
air de défi hautain.

Une grimace irrésistible soulignait — régal exquis —
ce dernier vers d'un de ses poëmes des *Fêtes galantes* :

> Mais un entre autres me troubla,

ou bien ce morceau de *Jadis et naguère*, qui débute ainsi :

> Or, ce vieillard était horrible : un de ses yeux,
> Crevé, saignait, tandis que l'autre, chassieux,
> Brutalement luisait sous le sourcil en brosse!

Je le vois aussi récitant cet *Ami de la Nature*, impro-
visation d'un soir, assez fugitive pour que personne, à
commencer par l'auteur, n'ait songé, je crois, à la re-
cueillir. — En voici quelques couplets à titre de curio-
sité :

> J'crach' pas sur Paris, c'est rien chouette !
> Mais comme j'ai une âme d'poëte
> Tous les dimanches j'sors de ma boîte
> Et j'm'en vais, avec ma compagne
>   A la campagne.

> Nous prenons un train de banlieue
> Qui nous brouette à quelques lieues
> Dans le vrai pays du p'tit bleu...
> On n'boit pas tous les jours d'champagne
>   A la campagne.

> Elle met sa rob' de la Reine-Blanche,
> Moi j'emporte ma pip' la plus blanche,
> J'ai pas d'chemis', mais j'mets des manches,
> Car il faut que l'élégance règne
>   A la campègne.

Mais d'autres, plus autorisés que moi, ont parlé des poésies de Verlaine et en reparleront ; nous n'avons ici à nous occuper que de ses dessins, et il est temps d'y arriver.

C'est d'abord[1] :

Un coin de table (I) où il s'est représenté lui-même, tenant sa pipe à pleine main, d'un geste qui lui était familier, avec Valade, un bouquet de violettes à la boutonnière, et Mérat, fumant sa pipe, lui aussi, gravement.

Les nimbes, dont la fantaisie du maître a gratifié le front des trois amis, sont là sans doute pour désigner les trois soutiens du temple parnassien, en sa chapelle des Vilains Bonshommes.

De ce même coin de table, Fantin-Latour fit plus tard un très beau tableau, devenu la propriété d'un riche amateur anglais, qui refuse obstinément, paraît-il, d'en laisser prendre la moindre copie.

On y voit au premier plan Verlaine, Rimbaud, Pelle-

---

1. Les chiffres romains entre parenthèses renvoient aux planches hors texte réunies à la fin de l'ouvrage.

tan, Valade, d'Hervilly; puis Blémont, Pierre Elzéar et Jean Aicard.

La place de Mérat avait été gardée dans le groupe; mais, occupé ailleurs, il déserta l'atelier du peintre, et, au dernier moment, il fut remplacé par un pot de fleur.

Le dessin suivant (II) nous transporte en pleine fantaisie. D'une gaminerie charmante, merveilleux d'expression, il montre Louis Ulbach aux pieds de Charles de Sivry (le futur beau-frère de l'auteur), tous deux frappants de ressemblance. Oh! mon Dieu! c'est bien simple : un nommé Ulbach assassina jadis la bergère d'Ivry. L'homonymie, une vague assonance, il n'en fallut pas plus pour émoustiller la verve de Verlaine.

Mais le trait de plume est net, sans une hésitation, sans un repentir, tandis que dans le dessin des « Trois » on retrouve la trace d'une recherche préalable au crayon mine de plomb.

C'est encore Charles de Sivry qu'il vise dans une des figures de ce dessin baroque (III) imitant la manière du docteur Cros, grand faiseur de monstres.

« Moi aussi, dit Verlaine, je sais faire les monstres! » et pour le prouver, il campe ces deux fantoches dans un paysage élémentaire de théâtre, avec rampe et trou de souffleur. Duo d'amour, où le ténor, les yeux au ciel, pourvu d'attributs belliqueux et d'un serpent qui lui tient lieu de cache-nez, chante pour une créature horrible, à langue

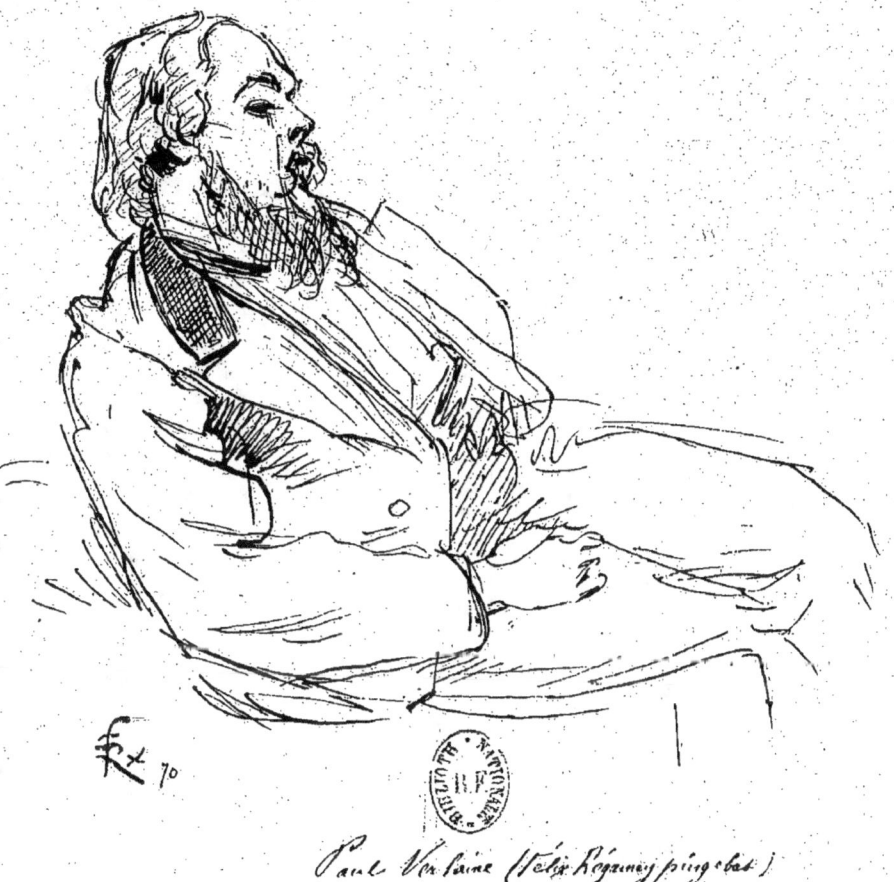

Paul Verlaine (Félix Régamey pingebat)
Béat, inattentif aux clameurs de la rue,
Digère, cependant qu'à deux pas l'on se bat,
Sa ration de lard et sa part de morue.

27 9bre 1870, Café du Gaz
Paris étant assiégé.

de vipère et à grosse bedaine, dont les seins coniques sont figurés par des obus.

Le docteur était surpassé.

*
* *

Le 11 avril 1870, j'assiste au mariage de Verlaine, à Saint-Pierre de Montmartre.

Et puis c'est la guerre, et ce portrait que je fis du poète, pendant le siège, un soir d'accalmie.

Le souvenir lui en était resté, lorsque, en janvier 1888, il m'écrivait gentiment de l'hôpital Broussais : « *Il me serait bien agréable de l'avoir, ce véritable petit chef-d'œuvre, reproduit par toi en tête de quelqu'un de mes bouquins, ou dans mes* Poètes maudits *qui vont reparaître un de ces jours.* »

A ce croquis, qui ne mérite pas un tel éloge, il avait joint un quatrain, inséré dans *Épigrammes*, sa dernière publication. Le voici :

Au bas d'un croquis.

(Siège de Paris.)

Paul Verlaine (Félix Régamey pingebat)
Muet, inattentif aux choses de la rue,
Digère, cependant qu'au lointain on se bat,
Sa ration de lard et son quart de morue.

On remarquera que cette version diffère assez sensible-
ment de celle qui se lit au bas du portrait.

Maintenant nous sommes à Londres.

Le 10 septembre 1872, — en cet atelier de Langham Street, où j'ai pu si bien travailler, et dont le souvenir suffirait à me faire aimer l'Angleterre et son brouillard, — c'est Verlaine, arrivant de Bruxelles, qui frappe à ma porte. Il est beau à sa manière, et quoique fort peu pourvu de linge, il n'a nullement l'air d'être terrassé par le sort.

Nous passons des heures charmantes.

Mais il n'est pas seul. Un camarade muet l'accompagne, qui ne brille pas non plus par l'élégance.

C'est Rimbaud.

Naturellement on parle des absents.

A me voir peindre et dessiner, l'inspiration s'empare de Verlaine, et... mon album s'enrichit de deux perles.

C'est Napoléon III après Sedan (IV) et le Prince impérial (V).

Chaque dessin est accompagné de vers absolument cocasses, parodiant le style de Coppée, effrontément signés d'un paraphe bouffi à la Joseph Prud'homme, où les trois points du franc-maçon sont remplacés par une petite croix, frétillante allusion à la douceur évangélique du poète des humbles.

Cela s'appelle blaguer les amis et ne porte pas à conséquence.

D'ailleurs Verlaine ne s'épargne pas lui-même, lorsqu'au bas d'un de ses poèmes — extrait d'un journal rouge

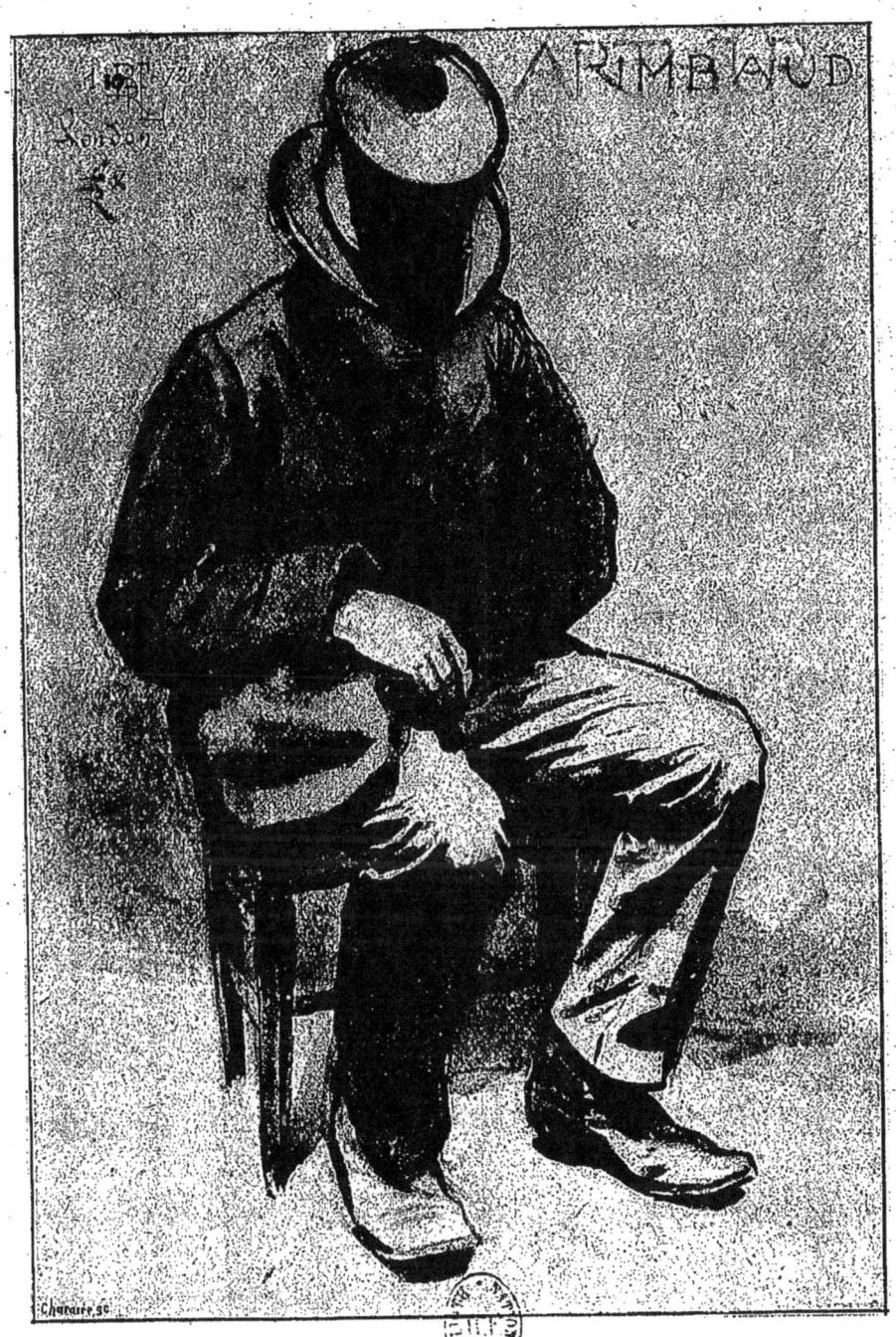

A RIMBAUD

de Londres, organe des réfugiés de la Commune, le *Qui
Vive?* qu'il trouve collé dans mon *scrap-book*, — il ajoute
cette note : « *Approuvé les très beaux vers de potache ci-*

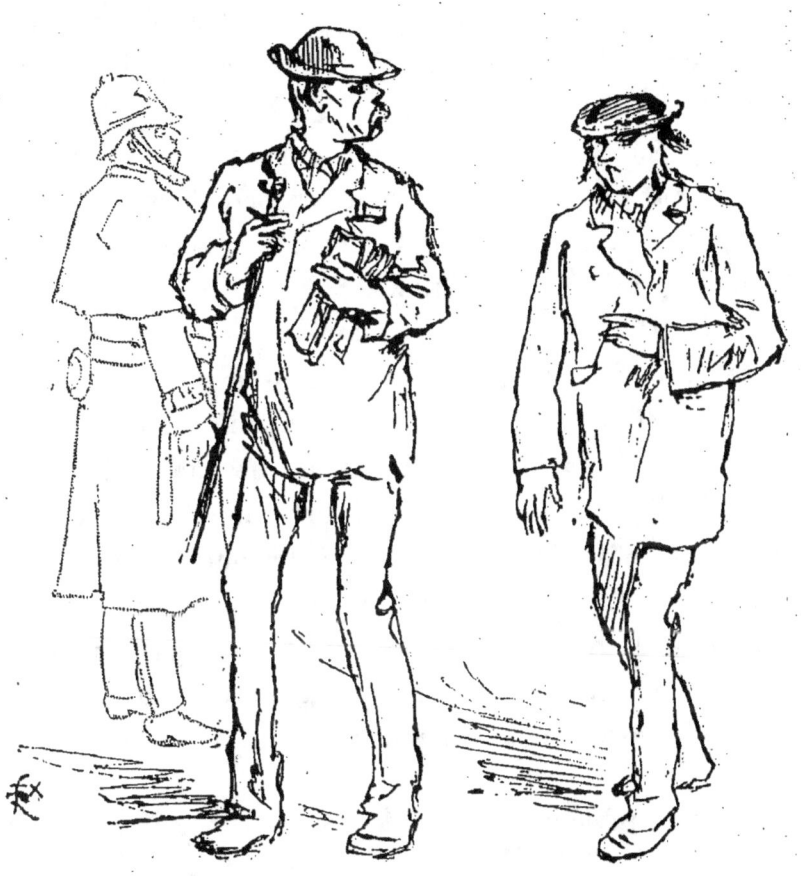

VERLAINE ET RIMBAUD A LONDRES

dessus. » Note qu'il aggrave de sa propre effigie (VI), en
chérubin, nimbé, pipe au bec, avec des ailes aux omo-
plates, le tout signé : « *P. Verlaine, ex-lycéen.* »

Mais où la blague devient folle et plus innocente encore, si c'est possible, c'est quand Verlaine représente (VII) Catulle Mendès, désignant au poignard de Leconte de Lisle l'infortuné Carjat, en train de faire la cour à « la petite fleuriste », chétive personne, pas jeune, bien connue des habitués de « l'Académie », qui semble dire en découvrant un mollet étique : « Tu n'auras pas ma rose! »

Le bon poëte Carjat, en cette occurrence, est couronné de fleurs par le zéphir. Une furie aux seins flasques plane au-dessus du groupe inquiétant, formé par Leconte de Lisle et Mendès, drapés à l'antique.

Mais qui pourra dire le mystère de cette composition allégorique? Seul, l'auteur, aidé de Rimbaud, qui assista à son exécution, aurait pu en donner la clé... peut-être.

« L'Académie » de la rue Saint-Jacques, autrement dite « Institut Pélorier », du nom du distillateur dont la boutique aux quarante tonneaux sert de fond à cette scène bizarre, était fort bien fréquentée après la guerre, et donna lieu à plus d'une chanson, empruntant aux passions politiques de l'époque une âpreté singulière, complètement dénuée de respect pour les puissants du jour.

En voici un échantillon :

AIR : *Saute, saute, Bourguignonne.*

Dans la ville de Paris,
M.... M.... pour Versailles
Dans la ville de Paris
Y a deux académies.

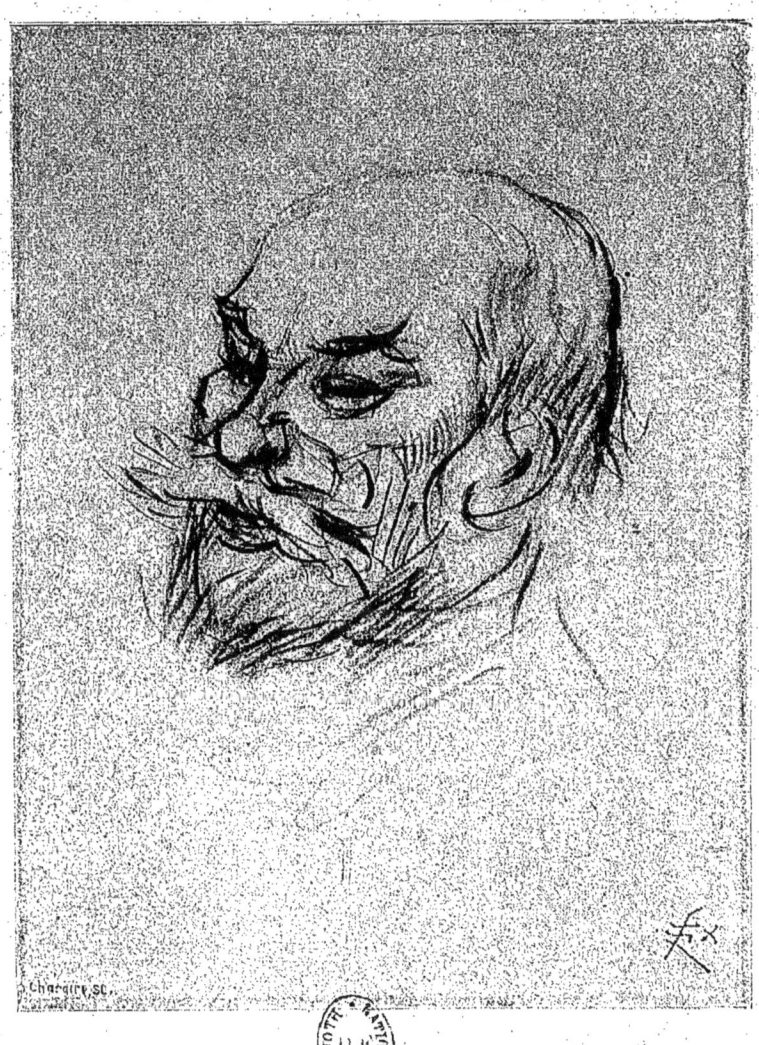

A CINQUANTE ANS

(Soirée de la Plume.)

L'une ousqui sont quarante
Qui vivent de leurs rentes,
L'autre au quartier latin,
Qui s'tient chez le chand d'vin.

J'em.... l'assemblée (*bis*),
J'en.... Mossieu Thiers
Et la vieille Changarnierrr!

Ce couplet était suivi d'une multitude d'autres, avec changement de noms propres au refrain.

Le poète qui en est l'auteur charme encore aujourd'hui, par son intarissable virtuosité, les lecteurs du plus artistique et du plus osé de nos journaux illustrés hebdomadaires.

*
* *

Les dernières années si accidentées de Verlaine ne semblent pas avoir été très favorables au développement de sa verve artistique. Elle devient chancelante, alors que sa faculté maîtresse continue à triompher. Ce ne sont plus ces croquis au trait ferme et incisif de jadis; ceux qu'il mêle à l'écriture de ses lettres sont quelconques.

Cependant, à en croire la légende, — hélas! que l'histoire est donc difficile à écrire! — Verlaine aurait été professeur de dessin dans une institution religieuse... après *Sagesse*.

Je ne le vois pas très bien dans ce rôle-là.

Pour finir, deux autographes : des vers de Valade et de Mérat. Il y en aurait un troisième de Verlaine : *Pension-*

naires, sonnet merveilleux de forme, sans un scrupule d'éditeur, que je partage et qui nous oblige à le réserver aux seuls bibliophiles, avec l'épreuve complète d█ █ssin des « trois » (I) dont la légende, un peu... vive, █ █cée de la présente édition.

Mardi

Mon cher ami,

Voici des vers.
Occupe – toi des Vilains Bonshommes
au nom de tous les dieux !

Cordial^t tien

L. Valade

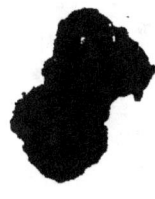

Avril.

La première fleur m'a dit : Livre
A l'oubli ta brève douleur.
Voici le Printemps ! — Mais le givre
A tué la première fleur

Hier la première hirondelle
M'a dit : C'est le Printemps, c'est lui !
La bise a soufflé : d'un coup d'aile
L'hirondelle première a fui

La grimace du vieux Décembre
Masquant le sourire d'Avril,
Je songeais, frileux dans ma chambre :
« L'hiver jamais finira-t-il ? »

31

Mais voici passer la première
Amoureuse : seins palpitants,
Œil plein d'azur et de lumière...
Et, cette fois, c'est le Printemps !

Léon Valade

Le Voyage.

a mon ami Félix Régamey

Ma mignonne, ô mon cher souci,
allons-nous-en bien loin d'ici,
bien plus loin que l'île d'Amériques,
où, fiévreuses de s'asseoir
dans l'herbe pour s'aimer, le soir,
les cocottes font des manières.

Ton caprice veut des raisons :
il fait luire les horizons
à la distance de cent lieues,
viens sans la bonne odeur des pins,
ils sont toujours verts, ils sont peints
sur les grandes montagnes bleues.

Nous n'irons pas où chacun va ;
tout ce que ton désir rêva
c'est la pente proche ou lointaine
où sur le vieux banc d'un chalet
on a des fraises et du lait
avec le glacier pour fontaine.

Et puis, claires de toutes parts,
la cloche des troupeaux épars,
le tonnerre des avalanches ;
les bonnes vaches qui font peur,
l'aube de nacre, ou la vapeur
nocturne aux fronts des neiges blanches.

Nous reviendrons pourtant, vois-tu ;
l'Oberland a cette vertu
de faire regretter les roses ;
et nous aimerons pour nos amours
les longs hivers, et les retours
des avrils frileux et moroses.

albert mérat

Paris le 20 mai
1870.

DESSINS ET AUTOGRAPHES

DE

Paul Verlaine

34

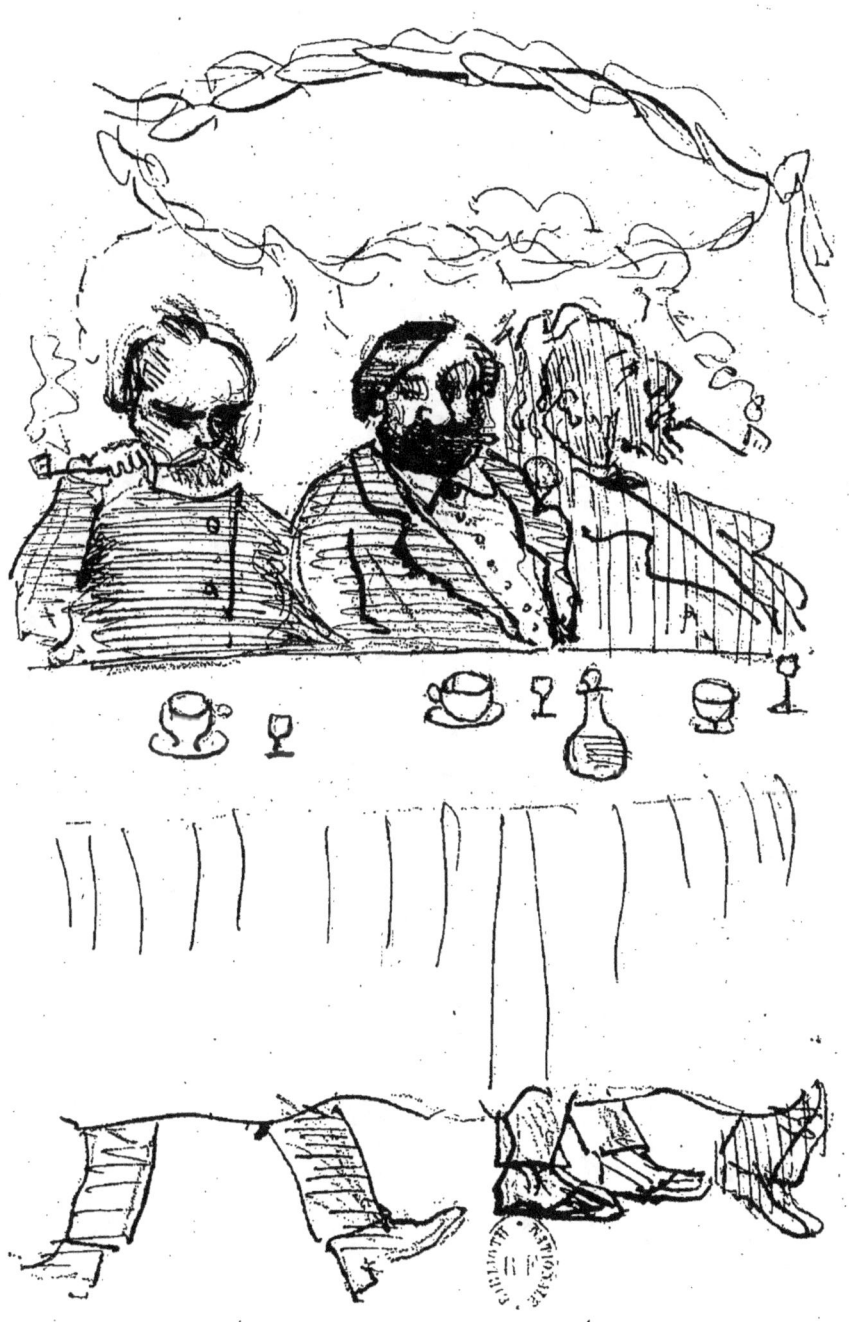

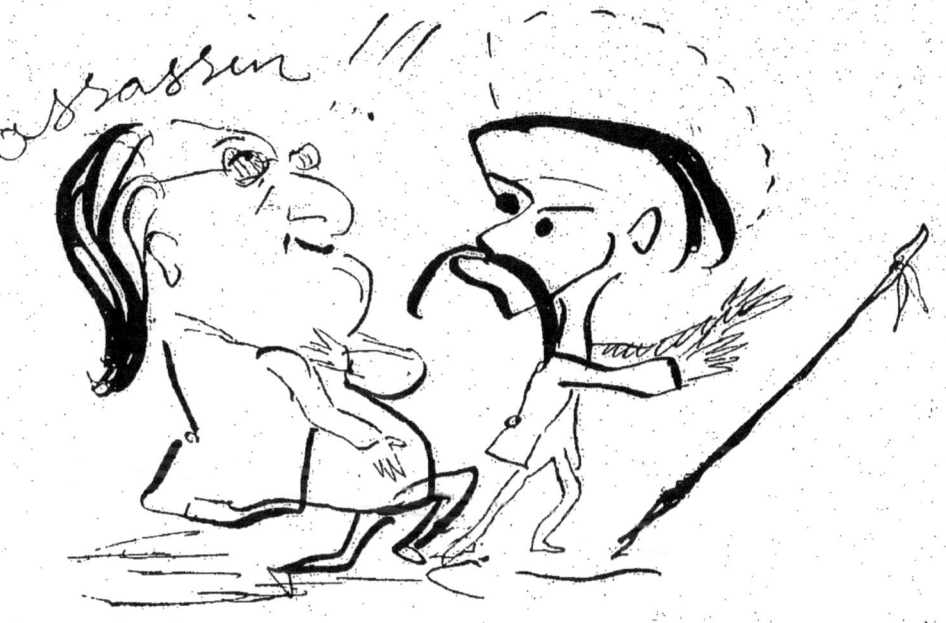

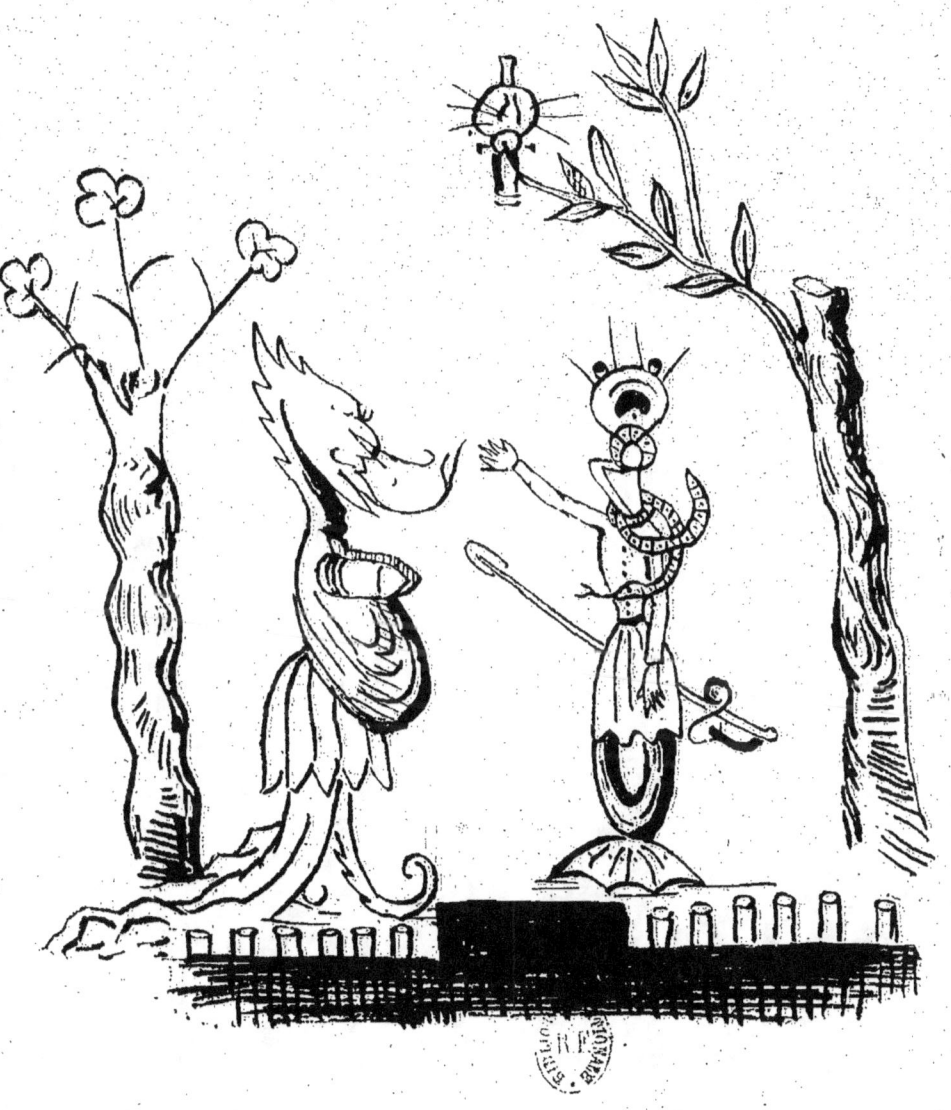

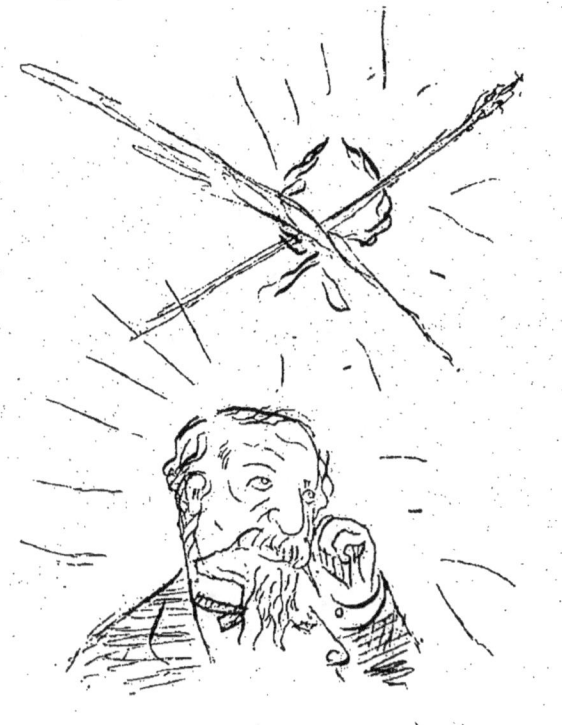

Dites, n'avez-vous pas, lecteur, l'âme attendrie
Contemplé quelquefois son image chérie ?
Tête pâle appuyée au revers de la main
César rêve d'hier et pense au lendemain.
Il évoque les jours de gloire et d'ordre, et songe
Aux jours où le crédit n'était pas un mensonge,
Du moins, il s'attendrit sur les chemins de fer
Très-mous et sur l'emprunt inférieur au pair,
Puis, triste, il rêve leur cœur navré et guéris
A sa sœur Blanche à son si pâle Marguerite !

François Coppée

V

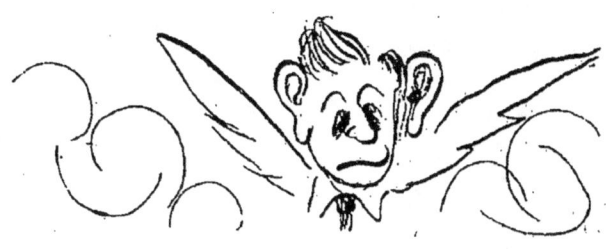

L'Enfant qui ramassa les balles, le Pubère
Ou circule le sang de l'exil et d'un Père
Illustre entend germer sa vie avec l'espoir
De sa figure et de sa stature et veut voir
Des rideaux autres que ceux du Trône et des Crèches.
Aussi son buste exquis n'aspire pas aux brèches
De l'Avenir ! — Il a laissé l'ancien jouet. —
O son doux rêve ô son bel Enghien*! Son œil est
Approfondi par quelque immense solitude ;
"Pauvre jeune homme, il a sans doute l'Habitude !"

x parce que "Enghien chez soi" !

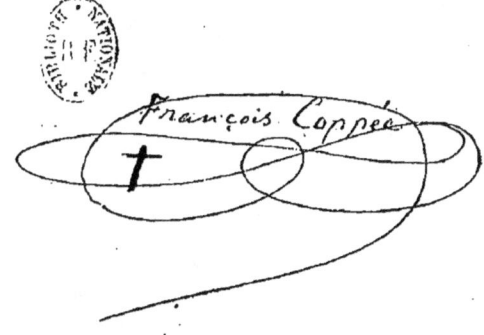

François Coppée

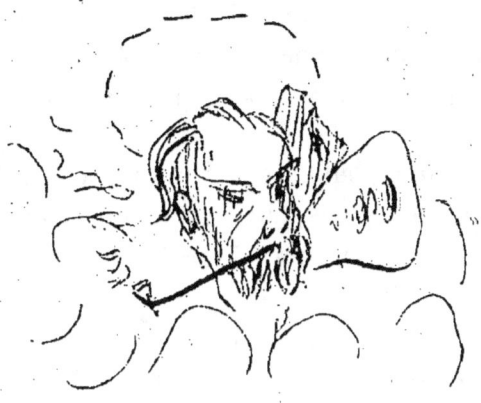

DES MORTS

2 Juin 1882 et Avril 1834.

O cloître Saint-Merry funèbre! sombres rues!
Je ne foule jamais votre morne pavé
Sans frissonner devant les affres apparues.

Toujours ton mur en vain recrépit et lavé,
O maison Transnonain! coin maudit, angle infâme
Saignera monstrueux dans mon cœur soulevé.

45

Quelques-uns d'entre ceux de Juillet, que le blâme
De leurs frères repus ne découragea point,
Crurent bon de montrer la candeur de leur âme.

Alors, dupes, — eh bien ! ils l'étaient à ce point
De mourir pour leur œuvre incomplète et trahie ! —
Ils moururent contents, le drapeau rouge au poing.

Mort grotesque d'ailleurs, car la tourbe ébahie
Et pâle des bourgeois, leurs vainqueurs étonnés,
Ne comprit rien du tout à leur cause haïe.

C'étaient des jeunes gens francs qui riaient au nez
De tout intrigant comme au nez de tout despote,
Et de tout compromis désillusionnés.

Ils ne redoutaient pas pour la France la botte
Et l'éperon d'un czar absolu beaucoup plus
Que la molette d'un monarque en redingote. -

Ils voulaient le devoir et le droit absolus,
Ils voulaient « la cavale indomptée et rebelle »,
Le soleil sans couchant, l'Océan sans reflux.

La République ! ils la voulaient terrible et belle,
Rouge et non tricolore, et demeuraient très froids
Quant à la liberté constitutionnelle.

Ils étaient peu nombreux, tout au plus deux ou trois
Centaines d'écoliers ayant maîtresse et mère,
Faits hommes par la haine et le dégoût des rois.

Ils savaient qu'ils allaient mourir pour leur chimère
Et n'avaient pas l'espoir de vaincre ; c'est pourquoi
Un orgueil douloureux crispait leur lèvre amère ;

Et c'est pourquoi leurs yeux réverbéraient la foi
Calme ironiquement des martyres stériles
Quand ils tombèrent sous les balles de la loi.

Et tous, comme à Pharsale et comme aux Thermopyles,
Vendirent cher leur vie et tinrent en échec,
Par deux fois, le courroux des généraux habiles.

Aussi, quand sous le nombre ils fléchirent, avec
Quelle rage les bons bourgeois de la milice
Tuèrent les blessés indomptés à l'œil sec !

Et dans le sang sacré des morts, où le pied glisse,
Barbotèrent, sauveurs tardifs et nasillards
Du nouveau Capitole et du Roi, leur complice !

— Jeunes morts, qui seriez aujourd'hui des vieillards,
Nous envions, hélas ! nous vos fils, nous la France,
Jusqu'au deuil qui suivit vos humbles corbillards.

Votre mort, en dépit des serments d'allégeance,
Fut-elle pas pleurée, admirée, et plus tard
Vengée, et vos vengeurs sont-ils pas sans vengeance ?

Ils gisent, vos vengeurs, à Montmartre, à Clamart,
Ou sont devenus fous au soleil de Cayenne,
Ou vivent diffamés et pauvres à l'écart.

Oh! oui, nous envions la fin stoïcienne
De ces calmes héros, et surtout jalousons
Leurs yeux clos à propos en une époque ancienne.

Car leurs yeux contemplant de lointains horizons
Se fermèrent parmi des visions sublimes,
Vierges de lâcheté comme de trahisons,

Et ne virent jamais, jamais ce que nous vîmes.

*Approuvé les très-beaux
vers d'un potache ci-
dessus.*

*P. Verlaine
ex-lycéen*

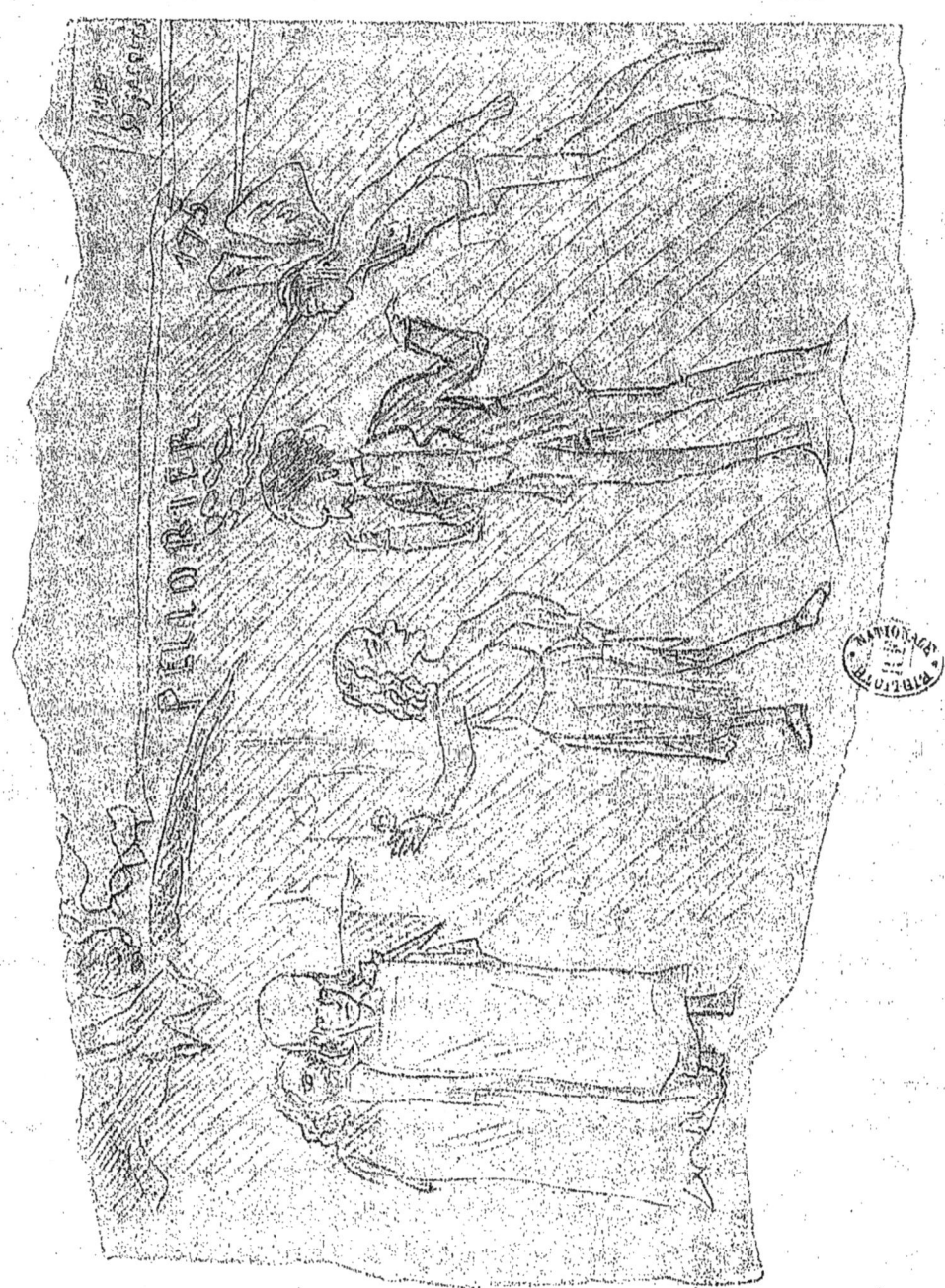

OUVRAGES ILLUSTRÉS DU MÊME AUTEUR

L'Enseignement du Dessin aux États-Unis (Delagrave).

Okoma, roman japonais (Plon).

Le Japon pratique (Hetzel).

Le Cahier rose de Madame Chrysanthème (*La Plume*).

Chicago il y a vingt ans (Hachette).

La Bretagne ignorée (Société d'éditions).

A Gambetta. Album de onze planches en noir et couleur.

Vivent les Auvergnats amis des Arts.

Ces deux derniers ouvrages, dont il reste très peu d'exemplaires, se trouvent à Paris, chez l'Auteur, « au Hameau, » 21, rue du Cherche-Midi.

EN PRÉPARATION :

D'Aix en Aix. *La Savoie, la Suisse, les bords du Rhin.*

En route pour le Congrès de Dresde, 1895.

Mes vingt-huit jours... en Chine.

Le Japon idéal.

Pantomimes japonaises.

Les Curiosités du Dessin.

L'Art qui court les rues.

IMPRIMÉ

PAR

CHAMEROT ET RENOUARD

19, rue des Saints-Pères, 19

PARIS